AF310036

CATALOGUE

DE

DESSINS ANCIENS

DE DIFFÉRENTES ÉCOLES

Nombreux Croquis par LANCRET, PATER et GRAVELOT

AQUARELLES PAR SAINT-AUBIN

DESSINS D'ARCHITECTURE ET DE DÉCORATION

Par DELAFOSSE, J.-B. HUET, C. GILLOT, etc., etc.

ESTAMPES DE TOUTES LES ÉCOLES

PRINCIPALEMENT DU XVIIIe SIÈCLE

ORNEMENTS. — CATALOGUES DU XVIII° SIÈCLE

VENTE

PAR SUITE DU DÉCÈS DE M. LE MARQUIS DE **FOURQUEVAUX**

HOTEL DROUOT, SALLE N° 6

Les Vendredi 15 et Samedi 16 décembre 1876

A DEUX HEURES

Par le ministère de Me DELESTRE, Commissaire-Priseur.
Successeur de M° DELBERGUE-CORMONT
27, rue Drouot, 27.

ASSISTÉ DE

M. CLÉMENT,	**M. E. FÉRAL,**
M^d d'Estampes de la Bibliothèque Nationale,	Peintre-expert,
3, rue des Saints-Pères, 3.	54, Faubourg-Montmartre, 54.

EXPOSITION PUBLIQUE, LE JEUDI 14 DÉCEMBRE 1876

DE UNE HEURE A CINQ HEURES.

· PARIS — 1876

CONDITIONS DE LA VENTE.

La vente sera faite au comptant.

Les acquéreurs payeront cinq pour cent en sus des enchères.

L'Expert chargé de la vente se réserve la faculté de rassembler ou de diviser les lots.

Les attributions de l'amateur ont été conservées.

ORDRE DES VACATIONS

Le Vendredi 15. — ESTAMPES... Nos 56 à la fin.

Le Samedi 16. — DESSINS........ 1 à 55.

— SUPPLÉMENT. 264 à 276.

Paris. — Typ. PILLET et DUMOULIN, 5, rue des Grands-Augustins.

DÉSIGNATION

DESSINS

BAUDOUIN (Pierre-Antoine).

1. Le Gascon puni. (Conte de La Fontaine.) Encre de Chine.

BOUCHER (François).

2. Groupe de naïades. Modèle pour une fontaine. Sépia.

3. Pastorales. Deux dessins à la pierre noire.

4. Quatre dessins. Naïades et amours, tête de jeune femme, tête d'homme, etc., à la pierre noire.

CLOUET (Attribué à François).

5. Portrait de la maréchale de Thorigny.—Portrait d'homme. Deux dessins finement colorés au pastel.

DELAFOSSE.

6. Colonnes monumentales avec cariatides et attributs. Trois très-beaux dessins à l'encre de Chine. (Signés.)

7. Décoration du fond de boutique d'une marchande de modes ou d'un café. Belle aquarelle signée.

8. Carrosse de gala. Vase et ornements au sommet d'un piédestal. Trois beaux dessins à l'encre de Chine.

DESRAIS.

9. Amours jouant avec une chèvre. — Satires et amours. — Télémaque abordant l'île de Calypso. Quatre dessins plume et sépia.

GILLOT (Claude).

10. Trois modèles de plafond, arabesques, singes, chiens et oiseaux. Jolies aquarelles.

11. Figures nues. Croquis à la plume, sur une lettre adressée à l'artiste par un amateur du nom de Cartaud et portant l'adresse : A Monsieur Gillot, peintre du roy, rue Saint-Jacques, au *Palmier d'or*.

GRAVELOT.

12. Cinquante dessins ou croquis, modèles pour dessus de boîtes, tabatières et bonbonnières, avec sujets entourés d'ornements de style rocaille. Charmants petits dessins à la plume ou à la mine de plomb, plusieurs à l'aquarelle, de la plus remarquable finesse.

13. Vingt-trois dessins ou croquis, frontispices, culs-de-lampe, figures mythologiques, amours, ornements et sujets de chasse. Plusieurs inscriptions se trouvant en tête de ces dessins indiquent que la plupart ont été faits pour illustrer une édition des contes de Boccace. Mine de plomb et plume.

14. Trente-neuf dessins ou croquis sujets mythologiques, pastorales, scènes d'intérieur, etc., etc. Plume et mine de plomb.

15. Trente dessins ou croquis, frontispices, cartouches ou culs-de-lampe, sujets religieux et sujets mythologiques. Plume et mine de plomb.

16. Douze dessins ou croquis, modèles pour boîtiers de montre. Plume et mine de plomb.

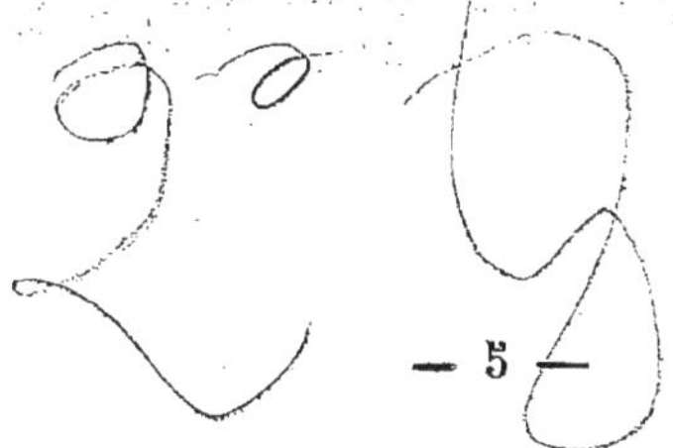

GRAVELOT.

17. Dix-huit dessins, dont une scène d'Horace, une scène de Rodogune, la mort de César. Douze petits dessins, pastorales et amours, sur la même feuille; la chaste Suzanne, une composition allégorique et le paradis terrestre. Plume, pierre noire et sépia.

HUET (JEAN-BAPTISTE).

18. Modèles pour panneaux décoratifs, ornements, oiseaux et attributs divers. Quatre dessins dont deux signés et datés 1772.

19. Pastorales. Deux dessins. Encre de Chine.

20. Vaches et moutons au pied d'un monticule. — Loup tenant un chien dans sa gueule. Deux dessins à la pierre noire rehaussés de blanc sur papier gris. (Signés.)

LANCRET (NICOLAS).

21. Soixante dessins, études ou croquis, pour les compositions les plus connues de l'artiste. A la pierre noire, rehaussés de blanc sur papier gris et à la sanguine.

LA RUE.

22. Bacchanales. Deux beaux dessins. Plume et sépia.

Monogramme L.-G., 1560.

23. Paysage avec figures. Encre de Chine et sépia.

MOREAU le jeune (Attribué à)

24. L'offrande à l'autel de Vénus. Plume et encre de Chine.

PATER (JEAN-BAPTISTE).

25. Vingt-quatre dessins ou croquis à la sanguine et à la pierre noire, sur papier gris rehaussés de blanc.

— 6 —

PARROCEL.

— 26. Attaque d'un pont. — Choc de cavalerie. — Soldats diffé-
remment posés. Trois dessins à la plume, à la pierre noire
et à la sanguine.

RAOUX (Attribué à JEAN).

27. Jeunes filles agaçant un perroquet. A la pierre noire.

SAINT-AUBIN (GABRIEL DE).

28. L'union d'un prince et d'une princesse. Le prince offre
son cœur à la princesse, il tient à sa droite la carte de ses
États. Un amour voltigeant pose une couronne sur leurs
têtes. Dans le bas et au dos de l'aquarelle est une note de
l'artiste. Belle et intéressante aquarelle.

29. La toilette d'une jeune femme. Aquarelle signée du mono-
gramme et datée 1778.

30. Jeune femme assise auprès d'une statue. Estompe et pierre
d'Italie. Ce dessin porte la date du 20 mai 1774, 8 h. d.

31. Composition allégorique. Au premier plan, des personnages effrayés; au-dessus, un génie armé d'un glaive chasse
la discorde. Pierre noire et encre de Chine.

32. Deux jeunes femmes, l'une étendue sur un fauteuil,
l'autre, assise au second plan, fait de la couture. A la pierre
noire, touchée légèrement à l'aquarelle.

33. Une famille réunie dans un intérieur. Pierre noire.

34. Tarquin le Superbe. Pierre noire et aquarelle.

35. Deux dessins. Femmes et enfants. Mine de plomb avec
quelques traits à la plume. — Paysage avec figures. A la
pierre noire sur papier bleu, rehaussé de blanc.

36. Jeune femme assise. A la pierre noire. — Le jardin des
Tuileries, petit dessin à la plume. — Figures nues. Trois
croquis à la plume.

VERNET (JOSEPH).

37. Paysage marine, effet de clair de lune. — Mer houleuse
Deux dessins à la pierre noire, rehaussés de blanc, sur papier
gris.

ARCHITECTURE.

38. Chapiteaux de différents ordres, fûts de colonnes, piédes-
taux, corniches et ornements divers. Environ quinze dessins.

39. Arabesques avec fleurs, figures et oiseaux. Panneaux décoratifs, par Gillot et autres. Treize dessins.

40. Ornements divers et décoration intérieure d'appartéments
du temps de Louis XV. Dix-sept dessins.

41. Ornements avec figures, la plupart de l'école italienne.
Quatorze dessins.

42. Vases de différents styles, par Polidor de Caravage, La-
fosse, Bachelier, etc. Vingt dessins environ.

43. Armoiries, dessus de portes, plans de jardins, médailles, etc.
Douze dessins.

44. Environ quatre-vingt-dix dessins, plans de châteaux,
hôtels, constructions diverses du temps de Louis XVI.

ANCIENNE ÉCOLE ALLEMANDE.

45. Le Christ conduit au Calvaire. Deux beaux dessins à la
plume portant la date 1519.

ÉCOLE FRANÇAISE.

46. Fontaines monumentales. Douze dessins. Plume et encre
de Chine.

ANCIENNE ÉCOLE FRANÇAISE.

47. Portrait équestre d'un souverain. — Le même personnage

debout, donnant la main à la reine. Deux dessins à la plume, de forme ronde, pour une médaille.

ÉCOLE FRANÇAISE.

48. Marche et cérémonie, le 24 novembre 1700, pour la proclamation de Monseigneur le duc d'Anjou, roi d'Espagne, sous le nom de Philippe V. Beau et intéressant dessin du temps. Le trait à la plume, ombré à l'encre de Chine.

ÉCOLE HOLLANDAISE.

49. Un marché avec nombreux personnages. Charmant dessin à l'encre de Chine.

ÉCOLE ITALIENNE.

50. Plafonds, frises, cartouches et ornements divers. Dix dessins à la plume.

51. Environ deux cents dessins, études de têtes, amours figures académiques, etc., de différentes écoles.

52. Environ cent cinquante dessins, études de paysages. A la pierre noire, sanguine ou sépia.

53. De différentes Écoles : Huit dessins. Glace monumentale, armoiries, cartouches, etc. Plume, encre de Chine et sépia.

54. Études de portraits : Quinze dessins, par Largillière, Nattier, Natoire, etc. Estompe et crayon noir rehaussés de blan

55. Sous ce numéro, seront vendus par lots environ cinq cents dessins de différentes écoles.

ESTAMPES ANCIENNES

ET

PORTRAITS

ANONYME.

56. Deux portraits différents de François Derues, empoison-
neur, exécuté le 6 mai 1777. Belles épreuves.

BARBIÉ.

57. Joseph II, empereur et roi des Romains. — Elisabeth,
impératrice de Russie, gravée par Defehrt, d'après Moreau.
Deux portraits in-8. Très-belles épreuves.

BLEKER (C.).

58. Paul et Barnabé à Lystre (B. 5). Très-belle épreuve.

BONNART.

59. Différents costumes vénitiens, gravés d'après les dessins
du cabinet de M. J. de Chassebras, seigneur de Cramailles.
Trente-neuf pièces.

60. Portraits, costumes et pièces historiques de l'époque
Louis XIV. — Les Muses et personnages de comédies par
Daret. Trente-trois pièces.

BOSSE (ABRAHAM).

61. Les quatre âges, pièce en forme d'écran. (Duplessis, 1047). Très-belle épreuve. Rare.

62. Les douze mois de l'année, représentés par douze paysages dans des cartouches, sur une feuille en forme d'écran (D. 1050). Très-belle épreuve. Rare.

63. Le Graveur. Deux épreuves. — Titre de l'Enéide. Trois pièces.

CHEREAU et DUFLOS

64. Argenson (Marc-René de Voyer de Paulmy, marquis d'), d'après Rigaud. — Le prince François Armand de Lorraine, d'après Tournière. Deux portraits in-fol. Bonnes épreuves.

COCHIN (D'après C.-N.).

65. Portrait de Voltaire, gravé par A. de Saint-Aubin. Epreuve avec marge à l'état d'eau-forte.

66. Madame Favart, gravée par J.-J. Flippart. Très-belle épreuve du premier état avec le nom du personnage au bas du sujet.

67. H. Ph. Chauvelin, — P.-A. Slodtz, — P.-Prault, — le comte Vence, — Marie-Elisabeth Denis, — J.-B. Lully, — J. Bruté, etc. 8 portraits gravés par L. Cars, Flipart, Saint-Aubin et autres.

CREPY (Chez).

68. M. le duc de Vandosme. Petit portrait in–8 dans un trophée d'ornements. Très-belle épreuve.

DELAUNE (ÉTIENNE).

69. Le Serpent d'airain, d'après J. Cousin, — les Trois

Grâces, d'après Raphaël, et sujets tirés de différentes suites.
Neuf pièces.

DIVERS.

70. Portraits par Drevet, Wille, Duflos, Poilly, Mellan,
M. Lasne, Gunst, Hainzelmann, Thomassin, Daullé, Ede-
linck, Lepicié, Petit et autres. Trente-deux pièces.

DREVET (Pierre).

71. Camus de Pontcarré (Nic.-Pierre), magistrat français,
d'après Jouvenet. Très-belle épreuve d'un portrait rare.

72. Joly de Fleury (Joseph-Omer), avocat général au parlement de Paris. Très-belle épreuve du premier état, avant
l'inscription sur la tablette du socle. Très-rare. Elle a de la
marge.

73. Philippe V, roi d'Espagne, d'après de Troy. Belle
épreuve.

DREVET (Claude).

74. Besenval (Jean-Victor, baron de), d'après Meissonier.
Belle épreuve.

DURER (Albert).

75. La face de Jésus-Christ (B. 25). Belle épreuve.

76. La Vierge couronnée par un ange (B. 37). Très-belle
épreuve avec une petite marge.

77. Le grand cheval (B. 97). Bonne épreuve.

78. Philippe Mélanchthon (B. 105). Bonne épreuve.

79. Les apôtres. — La Vierge couronnée par un ange. —
Sujets divers par Aldegraver. — Le Christ ressuscité, par
Mantegna, etc. Dix pièces.

EDELINCK (GÉRARD).

80. Louvois (François-Michel Le Tellier, marquis de), ministre
d'Etat (R. D. 251). Très-rare et superbe épreuve d'un état
antérieur au premier décrit, avant beaucoup de travaux et
avec le nom du peintre en avant de celui du graveur. R. D.
indique une épreuve de cet état dans la collection Forster.
Très-rare.

EDELINCK, VERMEULEN et RANDON.

81. Louis XIV, roi de France, — Mezetin, — Nicolas Des-
maretz. Trois portraits in-fol. Bonnes épreuves.

ELLUIN et HOUEL.

82. Jean-Louis-La Ruette, comédien italien, ordinaire du roi,
d'après Le Clerc, — Madame Seroux d'Agincourt, — le
maréchal duc de Duras, d'après Queverdo. Trois pièces.

FALCK (J.).

83. Uladislas VI, roi de Pologne, petit buste en haut d'un
cartouche avec texte au milieu, — Mochingerus, d'après
Boy. Deux pièces. Très-belles épreuves.

84. Anne d'Autriche, reine de France, d'après Juste d'Egmont.
In-fol. Très-belle épreuve.

85. Louise-Marie de Gonzague, reine de Pologne, gravé par
David, d'après Juste d'Egmont. In-fol. Très-belle épreuve.

FICQUET (ÉTIENNE).

86. Différents portraits pour illustration de la vie des peintres
de Descamps. Dix pièces. Très-belles épreuves avant le
texte au verso.

FONTAINEBLEAU (École de).

87. Sous ce numéro, il sera vendu cent vingt pièces par

A. Betou, R. Boyvin, L. Davent, A. Garnier, A. Fantuzzi, D. del Barbiere, et par les maîtres anonymes de cette école.

FROSNE et VAN SCHUPPEN.

88. Elisabeth Ranquet, — Messire Louis de Pontis, d'après Champaigne, etc. Trois portraits. Très-belles épreuves.

GANTREL (Stéphanus).

89. Jacques de la Ramonerie, chanoine de l'Eglise métropolitaine de Cambrai, — Charles V, duc de Lorraine, — Joseph de La Porte, premier président du parlement de Metz, — Charles-Etienne Maignart, président au parlement de Rouen, — Louis Berryer, secrétaire du conseil et direction des finances, — Antoine Girard, évêque de Poitiers. Six portraits in-fol. Très-belles épreuves.

GAULTIER (L.).

90. Charles, cardinal de Bourbon, archevêque de Rouen. Très-belle épreuve.

91. Henri d'Orléans, duc de Longueville, gouverneur général pour le roy en Picardie. Bonne épreuve.

GOLTZIUS (H.).

92. Officier de guerre portant un drapeau (B. 217), — le Porte-drapeau, par de Gheyn, d'après Goltzius, — l'Eté et l'Automne, par Hollar. Quatre pièces.

LE BEAU, CHOFFARD et autres.

93. Madame la comtesse de Provence, — J. Sedaine, — Poullain de Saint Foix, — Ch. Palissot, — F. Pilatre de Rozier, le prince de Conti et autres. Onze pièces. Très-belles épreuves.

LE BEL (Chez).

94. Louis Stanislas, comte de Provence, — Marie-Josèphe de

Savoie, comtesse de Provence. Deux petits portraits dans un entourage d'ornement. Belles épreuves.

LEU (Th. de).

95. Anjou (François de France, duc d') (R. D. 296). Très-belle épreuve du premier état, avec marge.

96. Aumale (Claude de Lorraine d'), chevalier de Malte (R. D. 303). Superbe épreuve avec marge.

97. Borromée (Charles), cardinal, archevêque de Milan (R. D. 320). Superbe épreuve du premier état, avec marge.

98. Conti (François de Bourbon, prince de) (R. D. 347). Très-belle épreuve.

99. François Ier, roi de France (R. D. 372). Ancienne épreuve.

100. Lorraine (Charles, duc de) (R. D. 439). Belle épreuve.

101. Nemours (H. de Savoie, duc de) (R. D. 466). Bonne épreuve.

LITTRET (C.-A.)

102. Portrait de Favart, comédien et auteur dramatique, d'après Liotard. Très-belle épreuve.

MARIETTE (Chez P.).

103. Le retour de la paix. Pièce in-fol. en largeur. Très-belle épreuve.

MARTINET.

104. Louis Stanislas-Xavier de France, comte de Provence, Petit portrait en buste au milieu d'une guirlande de roses. Très-belle épreuve. Rare.

MASSON (Antoine).

105. Gondrin (Louis-Henri de Pardaillon de), archevêque de Sens (R. D. 31). Très-belle épreuve du premier état.

MOLYN (P. DE) et autres.

106. Paysages. — Jésus avec les disciples d'Emmaüs, par Rembrandt, etc. Neuf pièces.

NANTEUIL (R.).

107. Colbert (Jean-Baptiste), contrôleur général des finances (R. D. 75). Bonne épreuve du deuxième état.

108. Dupuy (Pierre), conseiller d'Etat, garde de la Bibliothèque Royale (R. D. 87). Très-belle épreuve avec marge.

109. Fronteau (Jean), chanoine de Sainte-Geneviève (R. D. 99). Très-belle épreuve du premier état.

110. Lionne (Hugues de), secrétaire d'Etat (R. D. 146). Superbe épreuve du premier état.

111. Maridat de Serrière (Pierre de), conseiller au grand Conseil (R. D. 168). Très-belle épreuve.

112. Talon (Denis), président à mortier au parlement de Paris (R. D. 229). Bonne épreuve.

113. Bonzi (Pierre de), cardinal, archevêque de Narbonne (R. D. Appendice 1). Épreuve du dixième état.

PONTIUS (PAUL).

114. Lamoral, comte de Tassis, d'après M. Vander Horet. In-fol. Superbe épreuve avant toutes lettres. Très-rare.

SCHMIDT (G.-F.).

115. Buste de madame Schmidt. Belle épreuve.

SCHUPPEN (P. VAN).

116. Max. Henri, prince électeur de Cologne. — Philippe d'Orléans, frère de Louis XIV. Deux portraits, in-fol.

SILVESTRE et FLAMEN.

117. Vues de Paris, châteaux de France, environs de Paris par Flamen, etc. 149 pièces seront vendues sous ce numéro.

SIMON (P.).

118. Paul de Godet Des Marais, évêque de Chartres. — François Pallu, évêque d'Héliopolis. Deux portraits in-fol. Très-belles épreuves.

SMITH.

119. Jean, comte de Tweeddale. In-fol. Très-belle épreuve avant la lettre.

VANDREBANC (P.).

120. Charles II, roi de la Grande-Bretagne, d'après Gascar. In-fol. Très-belle épreuve.

VERMEULEN (C.).

121. Coislin (Magdeleine-Armande du Cambout de). Mariée en 1689 à Maximilien de Béthune, duc de Sully, d'après P. Sevin. Petit portrait in-12. Très-belle épreuve. Rare.

WIERIX (H.).

122. Jacques Laynez Almazanus, deuxième général de la compagnie de Jésus (Al. 1962). Superbe épreuve.

123. François Borgia, troisième général de la même compagnie (Al. 1867). Belle épreuve.

124. Everard Mercurialis, quatrième général de la même compagnie (Al. 1983). Très-belle épreuve avec marge.

125. Claude Aqua-Viva, cinquième général de la même compagnie (Al. 1857). Très-belle épreuve avec marge.

WIERIX (H.).

126. Bernardin Realinus, de la compagnie de Jésus (Al. 2017). Très-belle épreuve.

127. Rodolphe II, empereur (Al. 2019). Très-belle épreuve.

WIERIX (J.).

128. Stradan (Jean) (Alvin 2029). Belle épreuve.

129. Portrait d'un prince de la maison de Guise. Très-rare épreuve avant le nom du graveur.

ORNEMENTS

ANONYME.

130. Étui, pommeau d'épée et coffret. Trois compositions différentes sur une même feuille. Pièce très-rare, du commencement du XVIᵉ siècle.

131. Cartouches. 8 pièces. Très-belles épreuves.

BERAIN (J.).

132. Douze pièces représentant des arabesques et armoiries. Très-belles épreuves. Rares.

BERTREN et HUQUIER.

133. Nouveau recueil de vases très-utiles à différents artistes. — Trophées, seize pièces.

DELAFOSSE.

134. Trophées et attributs divers. — Meubles. trente-quatre
pièces.

DIVERS.

135. Titres de suite d'ornements et autres, par Cuvilier,
Eisen, Meissonnier, Blondel, Gillot, etc. Seize pièces.

136. Ornements par R. Boyvin, D. Mignot, Bourdon et autres.
Vingt-deux pièces.

DUCERCEAU (J.-A.).

137. Grandes arabesques. Neuf pièces.

138. Fonds de coupes. Trois pièces.

139. Chapiteau, cartouche. Deux pièces, la seconde par un
maître de l'école de Fontainebleau.

140. Meubles. trente-six pièces. Très-belles épreuves. Très-
rares.

EISEN (Ch.).

141. Décoration pour une cheminée. — Statue de Louis XV.
Deux pièces. — L'Europe et l'Asie. Deux pièces gravées
par Blondel, d'après Dumont; en tout, quatre pièces.

HUQUIER.

142. Nouveau livre de trophées de fleurs et fruits étrangers,
inventé et gravé par Huquier. Suite de douze pièces.

143. Vases, culs-de-lampe, par Choffard, d'après Bachelier,
Quarante-trois pièces.

LA JOUE (J. de).

144. Quelques unes des sciences, les éléments, architecture,

paysages, cartouches, etc. Vingt-trois pièces ; plusieurs sont avant la lettre, à l'état d'eau-forte.

LE CAMUS (N.).

145. Les sept âges de l'homme. Suite de huit estampes y compris le titre ; une pièce manque à la suite.

LEPAUTRE (J.).

146. Les buffets de Marly. Cinq pièces.

MARILLIER.

147. Trophées ou cartouches, représentant les arts et les sciences. Neuf pièces.

OPPENORD (G.-M.).

148. Décorations pour autels, cartouches, etc. Quinze feuilles.

PILLEMENT.

149. Figures chinoises et fleurs persanes. Trente deux pièces.

SAINT-AUBIN et DEMARTEAU.

150. Fleurs et ornements divers, d'après Girard et Prévost le jeune. Vingt-neuf pièces.

TORO (J.-B.).

151. Trophées, cartouches. 18 pièces tirées de différentes suites.

ÉCOLE FRANÇAISE

DU XVIIIe SIÈCLE

ADRESSES.

152. Adresses de Langlumé à Bordeaux. — De Salernier à Paris. — Letellier, Bligny, peintre, doreur et lancier du roy, etc. Titres de livres. Dix-sept pièces par Marillier, Choffart, Salernier et autres.

BAUDOIN (D'après).

153. Allégorie (cat. de l'œuvre de Baudoin, par M. E. Bocher, nº 1). — Autre allégorie gravée par Pasquier, pièce non décrite. Très-belle épreuve.

154. L'enlèvement nocturne, gravé par M. Ponce. Bonne épreuve.

155. Sa taille est ravissante, gravé par Le Beau. Très-belle épreuve.

BELLICARD (C.).

156. Loge des changes de Lyon, d'après Soufflot et Cochin. Belle épreuve.

BOILLY (D'après).

157. Qu'elle est gentille. — Le cadeau. Deux pièces gravées par Bonnefoy. Belles épreuves.

BOUCHARDON.

158. Apollon et les Muses. Suite de dix estampes. Très-belles épreuves.

159. Les cris de Paris. Sept pièces.

BOUCHER (D'après).

160. Les amours pastorales. Deux pièces gravées par A. Laurent. Très-rares épreuves à l'état d'eau-forte.

161. Deux estampes de la même suite, gravées par Cl. Duflos. Belles épreuves.

162. Pastorales, Deux pièces gravées par Huquier. Très-belles épreuves.

163. Les Éléments. — La vue. — L'ouye. Six pièces gravées par Aveline. Très-belles épreuves.

164. Vénus et l'Amour, gravé par J. Daullé. Belle épreuve.

165. Le Calendrier des vieillards, gravé par De Larmessin. Très-rare épreuve avant toutes lettres, à l'état d'eau-forte.

166. Triomphe de Pomone. — Le temps enchaîné par les amours. — Titres de livres, etc. Dix pièces gravées par Cochin, Démarteau, Duflos et Flipart.

167. Paysages. — Titres de livres. — Études et autres sujets. Quatorze pièces gravées par Basan, Littret, Duflos, Cochin et autres.

168. Pastorales, paysages, sujets allégoriques, etc. Vingt et une pièces par différents graveurs.

BOUCHER et COYPEL (D'après).

169. Vignettes pour illustration des œuvres de Molière. Trente-huit pièces.

CHARDIN (D'après).

170. Jeune fille à la raquette, gravé par Lepicié. Très-rare épreuve d'eau-forte pure, avant toutes lettres.

CHARDIN (D'après).

171. Dame cachetant une lettre, gravé par Fessard. Superbe épreuve du premier état, avec l'adresse de Fessard.

172. Les bouteilles de savon. — Les osselets. Deux pièces gravées par Fillœul. Très-belles épreuves. Rares.

CHARDIN et autres.

173. Le dessinateur, gravé par Cecile Magimel. — Le hanneton, d'après Courtin. — Le réveil amoureux, par Jourd'heuil. Trois pièces.

COCHIN (D'après).

174. La soirée, gravé par Gallimard. Très-rare épreuve avant toutes lettres, à l'état d'eau-forte.

COYPEL (D'après Ch.).

175. Les saisons, suite de quatre estampes, dont nous n'avons que trois. — L'amour simple, gravé par Henriquez, d'après Briard. Quatre pièces.

DESRAIS (D'après).

176. La coiffure. Très-jolie pièce à l'état d'eau-forte.

DE TROY (D'après J.).

177. Le jeu du pied de bœuf. — L'amant sans gêne. — Les amants surpris. Suite de trois estampes gravées par C.-N. Cochin. Superbes et très-rares épreuves, avant toutes lettres, à l'état d'eau-forte.

178. L'amant sans gêne, par C.-N. Cochin. Très-belle épreuve.

DIVERS.

179. Almanachs de cabinet. — Pièces sur les agioteurs et sujets du XVIIIe siècle. Seize pièces.

ECOLE FRANÇAISE.

180. Jeux d'enfants. Epreuve avant la lettre, dans un état d'eau-forte avancé.

181. Sous ce numéro, il sera vendu un grand nombre d'estampes, d'après Lancret, Raoux, Greuze, Baudoin, Lavreince et autres.

EISEN (D'après Ch.).

182. Les quatre parties du jour, gravées par De Longueil. Très-belles épreuves.

183. La jolie fermière. — La belle nourrice. — L'été. Trois pièces gravées par De Longueil. Très-belles épreuves.

184. Les plaisirs champêtres. — Le bal champêtre. — Les amusements champêtres. Trois pièces gravées par De Longueil. Très-belles épreuves.

185. Les éléments. — Les quatre parties du jour. Huit pièces. Les dernières sont gravées par Baquoy. Très-belles épreuves.

FRAGONARD (Honoré).

186. Différents sujets religieux, d'après Le Tintoret, P. Veronèse, Tiepolo et autres. Sept pièces.

FREUDEBERG (D'après).

187. Les mœurs du temps, gravé par Ingouf. Très-rare épreuve avant la lettre et la bordure ; elle n'est pas entièrement terminée.

188. Intérieur avec trois personnages, dont un assis vers la gauche, caresse une jeune soubrette debout à son côté. Cette pièce a la même bordure et les mêmes dimensions que celle intitulée : Les mœurs du temps, indiquée ci-dessus. Epreuves avant toutes lettres. Très-rare.

GILLOT (Cl.).

189. Mascarades. — Costumes. — Arabesques. — Fêtes de faunes. — Arlequinades, etc. Trente-cinq pièces.

GRAVELOT (D'après).

190. Le concert, gravé par Saint-Non. Très-belle épreuve.

GREUZE (D'après J.-B.).

191. Le paralytique servi par ses enfants. — Intérieur rustique. — L'adoration des mages, d'après Paul Véronèse. Trois pièces à l'état d'eau-forte.

HUTIN (Ch.).

192. Titre de son œuvre (P. de B. 1). Tombeaux (P. de B. 27-32). Sept pièces.

193. Titre de son œuvre et sujets de l'Ancien et du Nouveau Testament. Onze pièces.

JEAURAT et CHARDIN (D'après).

194. Petites réductions de quelques estampes, d'après Jeaurat et Chardin. Treize pièces.

LANCRET (D'après N.).

195. Le Glorieux, gravé par N. Dupuis. Très-belle épreuve.

196. Le maître galant, gravé par Le Bas. Belle épreuve.

197. L'adolescence, gravé par De Larmessin. Très-rare épreuve d'essai, imprimée au recto et au verso.

198. Le Gascon puni, gravé par De Larmessin. Très-rare épreuve avant toutes lettres, à l'état d'eau-forte.

199. Le berger indécis, gravé par Tardieu. Très-rare épreuve avant toutes lettres, à l'état d'eau-forte.

LANCRET (D'après).

200. *Par une tendre chansonnette... — Dans cette aimable so-litude.....* Deux pièces gravées par Cochin. Très-rares épreuves avant toutes lettres, à l'état d'eau-forte.

201. Une jeune femme recevant une fleur d'un jeune homme assis à son côté, gravé par C. Cochin. Très-rare épreuve à l'état d'eau-forte.

201 *bis.* Composition allégorique pour titre d'un ouvrage sur la musique. Épreuve avant toutes lettres, à l'état d'eau-forte.

LANCRET et VLEUGHELS (D'après).

202. Nicaise. — Les oyes de frère Philippe. — La jument du compère Pierre. Trois pièces gravées par De Larmessin. Belles épreuves.

LE BRUN (D'après).

203. Le divertissement de la nuit. — La récréation du soir. Deux pièces gravées par Dambrun. Très-belles épreuves.

LE MESLE (D'après).

204. Avanture de D. Gusman avec une demoiselle, dans la ville de Tolède. — Méprise de D. Gusman avec une cuisi-nière, dans la ville de Saragoce. Deux pièces gravées par Dupin. Belles épreuves.

LORRAIN (D'après).

205. La chose impossible. Gravé par D. Sornique. Très-belle épreuve.

206. L'anneau de Hans Carvel, gravé par Aveline. Superbe épreuve.

MERCIER (P.).

207. La famille en promenade. Très-belle épreuve. Rare.

OUDRY (D'après).

208. La chasse au cerf, gravé par N.-C. Silvestre. Deux épreuves avant la lettre.

PATER (D'après).

209. Ragotin enfermé dans une malle. Rare épreuve avant toutes lettres, à l'état d'eau-forte.

PIERRE (J.-B.-M.).

210. La mascarade chinoise (P. de B. 27). Belle épreuve.

211. La paysanne italienne. — Jeune mère avec ses enfants. — Jeune cuisinière courtisée par un officier. Trois pièces. Les deux dernières par un anonyme.

QUEVERDO (D'après).

212. La musique. — Le goût. Deux pièces gravées par Dambrun. Très-belles épreuves.

SAINT-AUBIN (G. de).

213. Réconciliation d'Absalon avec David (P. de B. 2). Belle épreuve.

214. Allégorie des mariages faits par la ville de Paris à la naissance de Mgr le duc de Bourgogne, en 1751 (P. deB. 5). Superbe épreuve du deuxième état. Rare.

215. Foire de Beson (P. de B. 17). Très-belle épreuve.

SAINT-AUBIN (Aug. de).

216. Exposition de tableaux dans la galerie du Louvre, — Vignette pour frontispice d'un catalogue, gravé et dessiné par Cochin. Deux pièces. Très-belles épreuves.

SAINT-AUBIN (D'après Aug. de).

217. Le bal paré, gravé par A.-J. Duclos. Belle épreuve.

SLODTZ (D'après).

218. Vue perspective de l'illumination de la rue de la Ferron-
nerie du côté de la rue Saint-Denis, le 8 septembre 1745,
gravé par Marvie et Bovait. Très-belle épreuve.

SMITH (W.).

219. Bustes de femmes. Deux pièces gravées à la manière
noire, d'après Barry.

VIEN (J.-M.).

220. Caravane du sultan à la Mecque. (P. de B. 8. 29). Suite
de trente-deux estampes dont nous n'avons que vingt-six.

VIGNETTES.

221. Vignettes pour illustration des contes de La Fontaine,
édition de 1745. Soixante-douze pièces dont quelques dou-
bles. Plusieurs sont sans texte au verso.

222. Vignettes d'après Saint-Aubin, Gravelot, costumes d'ac-
teurs, dessus de tabatières, etc. Dix-huit pièces.

223. Vignettes par Monnet, Desrais, Le Lorrain et autres
artistes du XVIII° siècle. Deux cent douze pièces.

224. Vignettes d'après Gravelot, pour illustration d'ouvrages
du XVIII° siècle. Quarante-neuf pièces.

225. Vignettes d'après Eisen, tirées de différentes suites.
Cent dix-neuf pièces.

VLEUGHELS (D'après).

226. La jument du compère Pierre, par de Larmessin. Belle
épreuve.

WATTEAU (Ant.).

227. Figures de modes (R. D. 1-7). Suite de sept estampes, dont nous n'avons que six. Très-belles épreuves avec marge.

228. La femme assise (R. D. 7). Très-rare épreuve du premier etat, à l'eau-forte pure.

WATTEAU (P'après Antoine).

229. L'amante inquiète, — Spectacle français. Deux pièces gravées par Aveline et Dupin. Belles épreuves.

230. Les deux cousines, gravé par Baron, Belle épreuve.

231. Camp volant, gravé par N. Cochin. Très-rare épreuve avant toutes lettres, à l'état d'eau-forte.

232. Les délassements de la guerre, gravé par Crepy. Epreuve à l'état d'eau-forte.

233. Paravent de six feuilles, gravé par L. Crepy. Belles épreuves.

234. Repos de chasse. Pièce en largeur entourée d'une bordure. Très-rare épreuve à l'état d'eau-forte d'une estampe fort rare, sinon inconnue.

235. La même estampe. Très-belle épreuve terminée, mais avant toutes lettres.

236. Dessus de clavecin, gravé par Caylus. Deux épreuves.

237. Les Singes de mars, — la Balanceuse. Deux pièces (arabesques), gravées par Moyreau et Le Bas. Belles épreuves.

238. Livre nouveau de différents trophées inventez par A. Watteau et gravé par Huquier. Huit pièces.

239. Le Bouffon, — la Chasseuse, — Vénus et l'amour, —

la Déesse **Thvo Chou** dans l'île d'Hainane. Six pièces dont une double, gravées par Huquier, Caylus et Aubert.

240. Recrue allant joindre le régiment, — Spectacle français, — Détachement faisant halte, — le Pénitent, — le Qu'en dira-t-on. Cinq pièces gravées par Crepy, Fillœul, Cochin, Dupin et Thomassin.

241. Etudes et croquis divers tirés du recueil des figures de différents caractères de paysages et d'études dessinées d'après nature par Ant. Watteau. 82 pièces.

242. Prenez des pilules, prenez des pilules. Pièce satyrique gravée en 1739. Rare.

WILLE (J.-G.).

243. Gazetière hollandaise, d'après Terburg. Belle épreuve.

244. Les bons amis, d'après Ostade. Bonne épreuve.

PIÈCES EN COULEUR

ALIX.

245. Jean de la Fontaine, — Fontenelle. Deux portraits d'après Garnerey. Très-belles épreuves.

BONNET.

246. Les Apprêts du Bain, — la Dormeuse. Deux pièces. Très-belles épreuves.

BOUCHER (D'après).

247. Vénus tenant le symbole de l'amour. — Vénus aiguise ses traits. Deux pièces gravées par Bonnet.

CHALLIOU (Chez).

248. Le Repos de Vénus. Pièce ovale en largeur. Très-belle épreuve. Rare.

CHARLIER (D'après).

249. Vénus en réflexion, — Vénus désarmant l'amour. Deux pièces gravées par Janinet. Très-belles épreuves.

DESCOURTIS.

250. Foire de village, — Noce de village, — le Tambourin, la Rixe. Suite de quatre estampes d'après Taunay. Superbes épreuves. Les deux premières sont du premier état, avec les armes.

251. Noce de village, — Foire de village. Deux très-belles épreuves sans marge.

ÉCOLE ANGLAISE.

252. Compositions d'après A. Kauffman, — Cipriani et autres. Trente-quatre pièces.

HUET (D'après J.-B.).

253. Le Souper, — le Goûter, — le Déjeuner, le Dîner. Suite de quatre pièces gravées par Bonnet.

254. La petite pêche, — Vue des environs de Dantzick. Deux pièces. Belles épreuves.

255. Vue de l'intérieur d'une ferme, — Vue d'une fontaine antique. Deux pièces gravées par Jubier. Très-belles épreuves.

HUET et **BOUNIEU** (D'après).

256. Le Maître de dessin, — la Confidence. Deux pièces
gravées par Jubier et Bonnet.

JAZET.

257. Les occupations de l'hiver, — l'Ermite bienfaisant. Deux
pièces. Très-belles épreuves.

LAVREINCE (D'après N.).

258. Valmont And, présidente de Touvel, gravé par Gérard.
Bonne épreuve.

MARIN (L.).

259. The Welcome Necos, d'après Le Prince. Belle épreuve.

MORLAND (D'après).

260. L'Industrie, gravé par Victoire Le Veau. Très-belle
épreuve avec marge.

VANLOO (D'après).

261. Le Couché à l'italienne, gravé par I***. Très-belle
épreuve.

262. Sous ce numéro, il sera vendu par lots 6 à 8 mille
estampes de toutes les écoles.

CATALOGUES DU XVIIIe SIÈCLE

1. CATALOGUE de feu M. Boucher, premier peintre du roy. de feu M. Randon de Boisset. 1777. Deux tomes en un vol. in-8, avec prix.

2. — de S. A. S. le prince de Conty. 1779. 1 vol. in-8, avec prix.

3. — d'une belle collection d'estampes du cabinet de M. L***. 1775.

— des curiosités du cabinet de feu Mme Dubois-Jourdain. 1765. 2 tomes en un vol. in-8, quelques prix.

4. — des tableaux du cabinet de feu M. Peilhon. 1763.

5. — des effets curieux de M. Savallette de Buchelay. 1761.

6. — des tableaux, etc., de M. de Merval. 1768.

7. — raisonné du cabinet de feu M. de Bourlamarque. 1770.

8. — d'une collection de très-belles coquilles de feu Mme de B***. 1763.

9. — de différents effets précieux, etc., par le S. P. C. A. Helle. 1763.

10. — des tableaux précieux, dessins, etc., du cabinet de feu M. Aubert. 1786.

11. — raisonné d'un cabinet curieux en différents genres qui méritent l'attention des amateurs. 1770.

12. — raisonné d'une collection de coquilles rares et choisies du cabinet de M. le marquis de Bounac. 1757.

13. — d'effets curieux du cabinet de feu M. Hennin. 1763.

14. — d'une belle collection de tableaux, dessins et estampes, venant du cabinet de M. le baron de ***. 1785.

15. — des tableaux qui composaient le cabinet de M. le duc de
La Vallière. 1781.

16. — d'une belle collection de tableaux du cabinet de M***,
par J.-B.-P. Le Brun. 1780.

17. — d'une riche collection de coquilles, etc., provenant de la
succession de feu M. Jacqmin. 1773.

18. — d'une très-belle collection de bronzes et autres curiosités, etc., du cabinet de feu M. le duc de Sully. 1762.

19. — d'effets curieux du cabinet de feu M. Hennin. 1763.

20. — ou indication des dessins, estampes, etc., dont la vente
se fera le mardi 30 juin 1772. Paris, chez Musier.
1772.

21. — raisonné d'un cabinet curieux en différents genres, qui
méritent l'attention des amateurs. Paris, chez Musier.
1770.

22. — de dessins des trois écoles, d'un grand nombre de belles
estampes en feuille. Paris, chez Didot. 1762.

23. — des tableaux du cabinet de feu M. le comte de Saint-
Maure. 1764.

24. — des tableaux des trois écoles, etc., du cabinet de M***,
par Lebrun jeune. 1784.

25. — d'une belle collection de tableaux originaux de grands
maîtres des différentes écoles, etc., qui composaient
le cabinet de M***, par A. Paillot, peintre. 1779.

26. — d'une belle collection de tableaux, etc., qui composent le
cabinet de M. l'abbé Le Blanc. 1781.

27. — de tableaux des écoles flamandes, etc., qui composent le
cabinet de feu M. Prault. 1780.

28. — des tableaux, estampes, etc., du cabinet de feu messire
Germain-Louis Chauvelin. 1762.

29. — de tableaux, pastels, miniatures, etc., venant de la vente
de feu S. A. Elect. de Cologne. 1764.

30. — des dessins qui composent le cabinet de feu M. Debesse.
1785.

31. — de tableaux, gouaches, etc., provenant en partie de l'étranger, par J. Folliot et F. Delalande. 1785.

32. — raisonné des différents effets curieux qui composent le cabinet de feu M. Bailly. 1766.

33. — du cabinet de M. Watelet. 1786.

34. — d'une collection de dessins choisis, etc., de feu M. d'Argenville. 1778.

35. — d'une jolie collection de tableaux des trois écoles, etc., par P. Remy. 1781-82.

36. — de tableaux des trois écoles, etc., qui composent le cabinet de M. de P***. 1779.

37. — des livres de feu M. Frizon de Blamont.

38. — d'une précieuse collection de tableaux, médailles, etc., la plus grande partie venant de l'étranger. Paris, Joullain. 1779.

39. — raisonné des tableaux, porcelaines, bijoux, etc., du cabinet de feu M. Gaillard de Gagny. 1762.

40. — des curiosités du cabinet de M. Gosse. 1774.

41. — des livres qui se trouvent chez Saillant et Nyon. 1771.

42. — abrégé des médailles du cabinet de feu M. du Vau, ancien capitoul de Toulouse.

43. — d'une belle collection des livres, estampes, etc., délaissés par feu S. Excel. Mgr le Nonce. 1763.

44. — des tableaux originaux qui composent le cabinet d'un artiste. Paris, chez Musier, 1773.

45. — des tableaux, dessins, estampes et bosses, provenant du cabinet de M. Collin de Vermont. 1761.

46. — d'une collection d'estampes de choix provenant du cabinet de M. B***. 1774.

47. — des ouvrages de l'art du cabinet de Mlle C***. 1773.

48. — d'une petite collection de tableaux, dessins, estampes, etc., provenant du cabinet de M. V***. 1774.

49. — des tableaux, sculpture, etc., du cabinet de M***, par F.-C. Joullain. 1776.

50. — de dessins choisis, etc., du cabinet de M. Tournier. 1773.

51. Notice des principaux articles, des livres, tableaux, etc., de feu M. Maupetit. 1774.

52. Catalogue d'une belle collection de dessins et estampes des plus grands maîtres, etc., dont la vente se fera le lundi 2 décembre 1776.

53. — des livres du cabinet de feu M. Collombat. 1752.

54. — de tableaux des trois écoles, dessins, estampes, etc., du cabinet de M. M***, par P. Remy. 1776.

55. — des tableaux originaux de maîtres renommés des écoles d'Italie, etc., par P. Remy. 1774.

56. — de tableaux, dessins et estampes des différents maîtres, laquelle commencera le lundi 1er mars 1779.

57. — des livres de feu M. de Naurois, trésorier de France. 1759.

58. — raisonné des fossiles, coquilles, minéraux, etc., qui composent le cabinet de feu M. Babault. 1763.

59. — des livres de feu M. Glucq. 1742.

60. — des livres de M. Mettra, curé-chefcier de Saint-Merry.

61. — des tableaux, dessins, estampes, livres, etc., laissés après le décès de M. Bouchardon. 1742.

62. Notice des tableaux, dessins et estampes, dont la vente se fera le 2 avril 1781, chez M. de Menneville.

63. Catalogue de tableaux, gouaches, etc., chez M. Leblanc. 1780.

64. Notice d'une collection d'estampes, provenant d'un amateur de province, dont la vente suivra immédiatement celle de M. Mariette, etc. 1775.

65. — Catalogue raisonné des tableaux, dessins et estampes, et autres objets curieux, après décès de M. Julienne. Paris, 1767, 2 vol. in-8, avec prix.

9 782014 446173